La famille,
trésor de notre temps

Du même auteur

Aux éditions Philippe Rey

L'Évangile selon saint Loubard (repris chez Points)
L'Évangile, une parole invincible (repris chez Points)
Rallumez le feu! (repris au Livre de Poche)
Et si on parlait de tes mômes?
Réussis ta vie!
Mes plus belles prières
Ose l'amour!
Face à la souffrance
Lutte et aime, là où tu es! (repris chez Points)
La magie des animaux
Apprends à pardonner
Cœur de prêtre, cœur de feu (repris chez Points)
La vieillesse, un émerveillement
Petit guide de prière
Éveilleur d'espérance
Le couple
Occupe-toi des autres!
Vagabond de la bonne nouvelle (repris chez Points)
Le Bonheur
Nos fragilités
Jésus, un regard d'amour (repris chez Points)
L'humilité
La nuit s'approche, l'aube va arriver
Aime à tout casser! (repris chez Points)
Les sept sacrements
Prends le temps de vivre
Vie de combat, vie d'amour
La foi

Aux éditions Stock (repris au Livre de Poche)

Un prêtre chez les loubards
La rue est mon église
Des jeunes y entrent, des fauves en sortent
L'Espérance aux mains nues
Aventurier de l'Amour
Avec mon aube et mes santiags
Les petits pas de l'Amour
Jusqu'au bout!
Dieu mon premier Amour
Des loups dans la Bergerie
Dealer d'Amour

Suite en fin d'ouvrage

Guy Gilbert

La famille, trésor de notre temps

Comment la protéger et l'épanouir

Philippe Rey

Si tu veux m'écrire, fais-le par le biais de mon éditeur.
Si tu savais comme tu m'aides en me critiquant ou en m'engueulant. Ma plume alors s'enrichit.
Merci.

Ton frère

7, rue Rougemont - 75009 Paris

www.philippe-rey.fr

INTRODUCTION
La paix du monde naît de la famille

Une statistique réconfortante : la famille est en vogue en France, elle est devenue le lieu du bonheur. Selon un récent sondage (Ifop pour *Enfant Magazine*), quand ils parlent de la famille, les Français semblent pour une fois être optimistes : 53 % l'associent au bonheur, 44 % au partage, 34 % à la solidarité. Les aspects plus négatifs semblent oubliés. Seuls 5 % évoquent les conflits et 4 % les contraintes.

La famille reste une institution importante pour les générations actuelles et l'on peut dire qu'elle a gagné une nouvelle authenticité. Les jeunes aspirent avant tout à avoir une famille et des relations qui durent toute la vie, un endroit où il y a un « nous ». La famille est devenue une « valeur refuge », une bulle de sécurité et de convivialité. Face à ce monde imprévisible et parfois menaçant, les hommes et les femmes se recentrent sur la cellule familiale, considérée comme la plus fiable.

Ils pensent que dans une société dure et concurrentielle ils peuvent trouver estime et confiance au sein de leur famille. Comment ne pas s'en réjouir ?

Confiance en soi, confiance en autrui

La famille se trouve cependant confrontée à des paradoxes. Autrefois – et c'est encore parfois le cas aujourd'hui –, la famille n'était pas une affaire de désir, mais de construction sociale. On y transmettait des biens, des traditions, des valeurs, des croyances religieuses.

Comment concilier les acquis d'autrefois avec la liberté d'aujourd'hui ? Les familles doivent devenir un lieu de transmission. Construire une famille n'est pas une fin en soi ; c'est un moyen. Fin en soi, elle peut devenir une prison pour les enfants. Or elle doit être un lieu où l'on puisse être libre ensemble, un lieu qui soutienne les individualités.

Il faut que les parents aient un seul projet en tête : permettre aux enfants de s'envoler un jour du nid.

Les parents doivent être comme un filet de sécurité auquel les enfants pourront avoir recours en cas de besoin. Mais trop protéger les enfants peut être un danger. Il faut les inciter à développer leur esprit d'initiative et les habituer à trouver des solutions tout seuls. Il faut leur faire confiance et les laisser entrer en conflit avec leurs parents sans craindre la rupture du lien.

Quand ils sont adolescents, on les entend japper. Laissez-les faire, mais offrez-leur en même temps une écoute attentive. C'est la première des priorités.

La famille est la cellule de base de la communauté humaine, le premier lieu où chaque être apprend la confiance en soi et la confiance en autrui. Elle permet en effet à chacun de découvrir qu'il a sa place dans une histoire, dans un réseau, dans le respect de son âge, de son sexe, de ses qualités ou de ses faiblesses.

Les familles, ciment des sociétés

On peut se demander comment les données économiques et sociales influent sur les liens familiaux, comment on peut faire face à la pauvreté familiale et à l'exclusion sociale, garantir un équilibre travail-famille, faire des progrès sur le plan de l'intégration sociale et de la solidarité intergénérationnelle au sein de familles et de communautés.

Il est certain que notre pays est actuellement assez démuni pour atténuer les effets de la crise de l'emploi et du logement. Il est difficile pour les familles de tenir. Le chômage contraint de nombreux jeunes à dépendre de leurs parents plus longtemps qu'ils ne l'auraient désiré. C'est un gros problème.

La solidarité intergénérationnelle

La famille est un apprentissage de la solidarité. Elle ne fonctionne pas en vase clos, elle ouvre à l'intergénérationnel. On doit s'intéresser davantage aux personnes âgées dont les pensions de retraite ne sont pas suffisantes. Combien d'agriculteurs âgés me confient ne pas même disposer de cinq cents euros par mois pour vivre ! Tant qu'ils pouvaient s'occuper de leur potager et de la basse-cour, ça allait, ils pouvaient survivre, mais avec le temps…

On s'accorde à dire qu'il faut faire plus de place en politique à la solidarité entre les générations. Compte tenu des difficultés économiques, le soutien à la famille est plus important que jamais, qu'il s'agisse de jeunes en recherche d'emploi ou de grands-parents qui dépendent de leurs enfants. Les familles partagent la joie et la difficulté d'accueillir leurs aînés. Quand les anciens sont à la maison et les jeunes au chômage, ce n'est vraiment pas facile pour les parents.

> *La famille est le miroir où Dieu se regarde en train d'accomplir Ses deux plus jolis miracles : le miracle de donner la vie et le miracle d'inspirer l'amour.*
>
> Didier Decoin

Un synode pour la famille

Le pape François a convoqué deux assemblées générales extraordinaires du synode des évêques, qui ont eu lieu en octobre 2014 et octobre 2015 sur le thème : « Les défis pastoraux de la famille dans le contexte de l'évangélisation ».

Ce sujet a déclenché des discussions très animées sur les questions suivantes, passionnantes : la position de l'Église face aux évolutions de la famille dans la société, le mariage, le célibat, la place des personnes homosexuelles dans l'Église, l'ouverture à la vie et la contraception, l'accès à la communion des divorcé(e)s remarié(e)s...

On voit une différence très nette entre les sociétés du Nord, où la vie de famille prend aujourd'hui des formes tellement multiples (familles monoparentales, recomposées, homoparentales, adoptives...) et les sociétés du Sud, plus traditionnelles, dont les évêques, comme le Guinéen Mgr Sarah, ne souhaitent pas d'évolution trop brusque.

Il est urgent pour l'Église de prendre en compte les bouleversements de nos sociétés, adapter sa pastorale, sans pour autant renoncer à ses valeurs et à ses repères moraux. Vaste chantier qui nécessite beaucoup de dialogue, une grande écoute de l'autre et, sans cesse, une prière qui demande au Seigneur de nous guider en ces temps nouveaux, si bouillonnants.

L'humanité du pape François

À la suite de ces synodes, le 8 avril 2016, le pape François a publié une exhortation apostolique, *Amoris Laetitia*, « La joie de l'amour », un texte qui, sans modifier les lois de l'Église, introduit une approche très humaine.

On s'est beaucoup concentré sur la question importante des divorcés remariés. Chaque prêtre est appelé à juger quand il pourra leur donner la communion – chouette initiative qui ne condamne plus les divorcés remariés à ne plus pouvoir communier.

La miséricorde est alors vécue pleinement.

Mais cette question ne concerne qu'un seul des neuf chapitres de l'exhortation apostolique, qui est surtout un hymne à l'amour conjugal, y compris dans sa dimension sexuelle et « érotique », aux enfants et à leur éducation, à la grandeur de la famille et à son rôle dans la société. Il insiste aussi sur le renforcement dans l'Église catholique de la préparation au mariage mais aussi de l'accompagnement des « premières années » de celui-ci et la gestion des différentes « crises » qui peuvent intervenir dans la vie d'un couple. Elles ne doivent pas aboutir pour le pape à la « séparation » mais à la « réconciliation » par le « pardon ».

J'ai aimé aussi quand François s'est exprimé avec tendresse sur la famille qu'il qualifie d'« œuvre artisanale » toujours à façonner et à parfaire. À cette fin, la Parole de

Dieu est présentée comme une « compagne de voyage » et l'Église, comme une aide proche et disponible.

François s'érige en fait contre la « décadence culturelle » qui « ne promeut pas l'amour et le don de soi » car elle « transfère » dans les « relations affectives » ce qu'elle pratique avec les « objets et l'environnement » : « Tout est jetable, chacun utilise et jette, exploite et presse. Ensuite, adieu ! Le narcissisme rend les personnes incapables de regarder au-delà d'elles-mêmes, de leurs désirs et de leurs besoins ».

Sacré François, tu as bien compris l'influence désastreuse de la société de consommation sur le couple !

Le plan de Dieu

La formidable cohérence des chrétiens se fonde sur la cellule la plus petite, la plus naturelle, la plus ancienne, la plus profonde : la famille. Issus de la paix qui règne dans une famille, les cercles concentriques de l'amour se multiplient. La paix du monde naît de là. Et de nulle part ailleurs.

« La famille n'a de valeur que par la qualité des liens qu'elle permet de tisser entre ses membres pour les faire grandir, les humaniser, les aider à devenir des hommes et des femmes responsables et libres, capables d'aimer et de se laisser aimer, d'apporter leur part à la construction d'une société plus habitable et plus juste, écrit avec justesse Agnès Auschitzka, psychologue chrétienne. La vraie famille que désire Dieu est celle qui sera formée par ceux et celles qui sauront tisser des liens d'amitié fraternelle avec les membres des familles qu'ils croiseront sur leur chemin : familles de leur quartier, de leur paroisse, familles étrangères, riches ou pauvres, harmonieuses ou non, conformes ou non au modèle proposé par l'Église. »

Une famille exemplaire reste signe jusqu'à la fin des temps. Le Christ n'aurait jamais pu être ce qu'il a été dans le plan de Dieu si Marie et Joseph n'avaient pas été là. C'est entrer dans le plan de Dieu que de construire sa propre famille à la lumière de l'Évangile. Que ton combat inlassable soit d'abord celui-là. Que ton couple soit serein, pacifiant, aimant.

Que tes enfants soient attendus, regardés, aimés. Et le monde entier s'emplira d'une paix inégalable.

C'est le plus grand signe de la présence de Dieu.

C'est aussi le plus urgent aujourd'hui.

1

Un lieu fait pour l'Amour

Il m'est totalement impossible de parler de la famille sans parler d'abord des yeux de mon père et de ma mère.

Depuis que je suis né il y a quatre-vingts ans dans une famille de quinze enfants, la force de ma vie tient aux yeux d'amour, de force et de tendresse de mes parents. On a dit un jour à ma mère : « Comment avez-vous pu diviser l'amour entre vos quinze enfants ? » Ma mère a répondu cette phrase magnifique : « Je n'ai rien divisé. J'ai multiplié l'amour. » Et cela je l'ai vérifié.

Nous avons été élevés d'une certaine façon comme des enfants uniques.

Ces yeux d'amour et de tendresse, c'est la plus grande chose qu'un homme et une femme peuvent donner à leurs enfants.

« Je n'ai personne à qui parler »

J'ai trouvé très intéressant un colloque international qui réunissait, il y a quelques années à l'Unesco, de nombreux chercheurs travaillant sur la violence scolaire. Chaque pays apportait ses statistiques en « chiffres noirs ».

Les uns mettaient en avant le « harcèlement entre élèves ». Les autres, les « incivilités ». D'autres encore ciblaient les « jeunes à risques »

Mais, habituellement, la violence scolaire ne naît pas à l'école. Elle dépend souvent, en premier lieu, de ce qui se vit à la maison. Ce gosse que je connais, terreur de ses copains qu'il rackette avec une audace rare, n'est-il pas le portrait craché de son père qui, chaque soir, sème la terreur en rentrant chez lui et bat régulièrement sa femme ?

À chacun son terrain.

Il me l'a dit un jour : « À la maison, c'est le plus fort qui gagne. Pour l'instant, c'est mon père. » En attendant c'est lui qui gagne à l'école. Un ado, que je suis depuis quelque temps, ne peut s'empêcher de vandaliser les équipements publics. Il m'a confié un jour : « Je n'ai personne à appeler et à qui parler. »

Parents, combattants de l'amour

La relation des Français avec leur jeunesse est fondamentale. On peut toujours décrire les jeunes comme un continent mystérieux, fascinant. Laissons-leur la parole d'abord. Confrontons-nous à eux. N'ayons aucune peur d'eux.

La période que nous vivons est celle d'une grande transformation. Une transformation par le bas, au ras des pâquerettes, pour les jeunes d'aujourd'hui, surtout ceux à risques.

Il s'agit de les aider à grimper vers le haut.

C'est ma tâche et celle de mes équipiers. Si la question de Dieu me passionne absolument, ce qui se loge au cœur des adolescents me fascine aussi. Il y a un lien intime entre ces deux passions. Je ne peux séparer mon engagement de chrétien de celui d'éducateur.

Sachant que l'Amour est le ressort essentiel de ces deux passions, je m'essaie à ne pas gaspiller le temps qui nous est donné pour aimer.

Il est difficile de rattraper l'amour qu'on n'a pas donné à nos enfants. Ce moment, unique et fabuleux à la fois, où ils sont installés dans le nid, est un temps inestimable pour l'éducation.

Personne ne pourra mieux donner et entretenir cet amour que les parents. Élever un enfant est une grâce et un privilège. C'est de plus en plus un combat.

Parents, soyez en première ligne les combattants de l'amour.

Jalousies à arbitrer

Il existe mille raisons de ne pas supporter son frère ou sa sœur. Pour faire l'unité familiale, les parents devront respecter chaque être qui naît, ne pas faire de différences, ne pas valoriser l'un et ne pas dévaloriser l'autre. Ne pas déshabiller l'un pour habiller l'autre. Il y a des jalousies à arbitrer. (J'avais quatorze frères et sœurs, vous vous rendez compte si je connais le problème !) C'est très important, sinon des rivalités perdurent. Normalement, les conflits entre frères et sœurs se résolvent après l'adolescence, mais pas toujours…

Il faut faire attention aussi aux divergences dans l'éducation. Rien de pire que des parents qui se contredisent devant les enfants. Il est nécessaire d'inventer des rites, des fêtes, des discussions, des sorties qui permettent de tisser collectivement une culture familiale.

Être l'aîné d'une fratrie, ça donne quoi ? Est-ce que c'est plus difficile que d'être cadet ou benjamin ? Je pense que le plus important n'est pas le rang occupé dans la fratrie. Ce qui importe, c'est l'enfant lui-même.

Le benjamin est souvent un enfant qu'on n'élève pas tout à fait comme les autres. Les parents sont plus vieux, ils sont plus sages ; ils sont moins angoissés et laissent plus facilement faire. Alors qu'ils attendent de leur aîné qu'il concrétise leurs rêves et leurs espoirs, ils apprennent avec le dernier à relâcher la pression. Le benjamin est même parfois maintenu dans un statut de bébé protégé, ce qui le rend plus gâté et plus fragile que les autres.

> *Si la liberté grise, la famille rassure.*
>
> Robert Choquette

Familles recomposées

Où ça se complique, c'est entre demi-frères et demi-sœurs. C'est déjà difficile dans une famille normale, mais dans une famille recomposée, c'est très délicat. Il faut que les parents jouent le rôle de passeurs entre deux histoires. Il y a beaucoup de jalousies, de rivalités, d'angoisse d'abandon.

Il faut que les parents rassurent, valorisent, déculpabilisent Imaginez l'enfant qui va un week-end sur deux chez l'autre conjoint. Il faut chaque fois qu'il reprenne sa place, qu'il reconquière son territoire. Il peut redouter que sa belle-mère lui préfère son enfant légitime. Dans une famille recomposée, comment l'enfant né du premier couple va-t-il être accepté par son père ou sa mère qui a maintenant un autre enfant ? Il faut que les parents et beaux-parents aient soin de rassurer l'enfant sur l'affection qu'ils lui portent. Les premiers lui rappellent que lui aussi est né de l'amour de son père et de sa mère ; quant aux seconds, ils peuvent le valoriser en tant qu'aîné et l'inviter à s'occuper du bébé.

L'enfant a besoin de temps pour accepter de créer un lien avec un adulte, surtout lorsqu'il s'agit du conjoint d'un de ses parents. Quand les parents décident de se séparer, il faut être doublement vigilant pour les enfants nés du premier couple.

Notre capacité à pardonner

Nous avons une vision idyllique de la famille... Il faudrait peut-être qu'elle soit moins idéalisée. La réalité est souvent différente de notre idéal moral ou philosophique. Les jeunes sont parfois blessants. J'entends fréquemment : « Je n'ai pas demandé de naître. » Des parents préfèrent ouvertement un aîné brillant en études à un second moins doué : « Regarde-le, comme il est intelligent, il se tient bien à table, j'admire ses notes... ! » Des années durant, ces refrains sont distillés et la haine s'accumule. La rancune sera tenace.

Les parents nous donnent la vie. Nous nous figurons qu'ils sont parfaits. Le gamin voit son père comme Rambo et sa mère comme Madonna ! Si cette image se fracture dans le cœur de l'enfant ou de l'adolescent, apparaîtront une grande douleur et une grande rancœur.

J'ai remarqué que nombre d'adolescents et d'adolescentes qui m'ont écrit qu'ils ne pardonneraient jamais à leur père ou leur mère finissent néanmoins par passer l'éponge. En général, ils m'annoncent la naissance de leur petit et tout s'apaise. Ils se rendent compte que ce n'est pas facile d'être père et mère. On peut avoir ses raisons de reprocher des défauts à ses vieux. Quand on devient soi-même un vieux, on acquiert la capacité de pardonner. Les Arabes disent *chheir*. Pour eux, vieux signifie « celui qui a un enfant », donc celui qui acquiert la sagesse. Ça peut être un jeune de 18 ans, dès qu'il a un enfant !

Reconquérir sa liberté

Pourquoi est-ce si difficile de se pardonner entre parents et enfants ? Ça l'est moins lorsqu'on a affaire à des étrangers. Le poids de l'origine, de la généalogie, pèse lourd dans les rapports familiaux. Le pardon entre conjoints est parfois très ardu.

Le vrai pardon est exigeant. Nous devons d'abord savoir ce que nous pardonnons. Il faut pouvoir en parler, aussi. Et nous avons à nous regarder nous-mêmes en face. La femme trompée par son mari fait aussitôt lit à part. Puis, en réfléchissant, elle se regarde elle-même au lieu d'accuser. Nous devons nous faire aider pour pouvoir pardonner.

Nous devons aussi prendre garde à ne pas écraser la victime par un pardon trop arrogant. Il faut savoir se mettre dans la peau de l'autre. Un pardon qui sécrète une forme de pouvoir est un pardon piégé qui n'a pas de valeur. Il s'agit de pardonner sans en tirer profit. Nous devons respecter l'autre et pardonner par une démarche d'humilité. Il faut renoncer à toute possession et toute emprise sur l'autre.

Seul le pardon permet d'aimer.

Éprouver les choses

Aimer, c'est éprouver les choses dans son ventre, dans son cœur et dans son corps. C'est la compassion. Je dis que, tant que ce que vivent votre conjoint, vos enfants, vos parents, vos frères et vos sœurs n'est pas passé en nous, vous n'aurez rien pigé. Vous devez ressentir ce qu'ils vivent. Ne passez pas au-dessus de leurs pauvretés, de leurs souffrances, de leurs appels.

Aimer, c'est faire le peu qui est en notre pouvoir mais le faire à fond. Mettre en œuvre ce que l'on peut et mener une politique des petits pas.

Aimer, c'est durer. Combien de conjoints se lassent de l'autre et partent sur un coup de tête. Combien de parents se découragent parce que l'enfant n'est pas celui dont ils ont rêvé. Pour durer, il faut laisser sa liberté à l'autre, l'aimer comme il est. Mon mari n'est pas Brad

Pitt ? Je l'aime quand même. Mon gosse n'est pas taillé pour Polytechnique ? Cela n'enlève pas un gramme à l'amour que je lui porte. Restez constants, présents, patients : c'est seulement ainsi que vous serez des êtres aimants.

Aimer, c'est prendre son plaisir. On peut s'amuser, rire, jouer en famille, elle doit être le lieu de la joie. Joie de la découverte des autres, joie de se surprendre, joie de s'admirer, joie de laisser exprimer son humour sans peur d'être jugé, joie de la simple présence des autres.

> *La personne humaine ne se construit qu'en relation avec les autres.*
>
> Emmanuel Mounier

« Comme vous devez vous aimer ! »

À la fin de sa vie, ma mère avait subi de multiples opérations et une paralysie du côté droit ne nous avait pas démobilisés. « Elle restera jusqu'au bout dans la maison de notre enfance où son cœur et celui de notre père nous ont donné tant d'amour. » Telle était notre volonté.

Fallait-il payer les personnes qui s'occupaient d'elle jour et nuit ? Nous n'avons pas hésité une seconde. Nos parents avaient donné tout ce qu'ils avaient aux quinze oisillons que nous étions. Pauvres ils étaient. Mais fabuleusement riches de leur amour…

Lui rappeler mes souvenirs d'enfant la ravissait. Mes espiègleries d'antan, elle se les remémorait comme si elles jaillissaient d'un passé tout récent. Elle avait ce talent rare de ne se rappeler que les bons moments. Ceux, lumineux, qui donnent à l'instant présent la bonne odeur du pain qui sort du four. Et pourtant, quelles souffrances elle endurait ! Les « veilleuses » qui l'assistaient étaient impressionnées par cette femme âgée qui allait de son lit à la table de la cuisine, sans jamais se plaindre.

Certains de mes frères et sœurs venaient, de week-end en week-end, pour être là, auprès d'elle. Quelques-uns traversaient régulièrement toute la France pour ne pas manquer ce rendez-vous de la piété filiale. Chaque week-end une équipe familiale venait chez ma mère et la servait. Et ce, jusqu'à sa mort.

Pour terminer, cette parabole des temps modernes apte à dynamiser tant de familles déchirées par des affaires sordides de terrains et de signatures notariales refusées ou retardées. Ma mère a voulu vendre un petit terrain attenant à sa maison. Il fallait, pour cela, nos quinze signatures. En quinze jours, ma mère a récolté nos griffes d'enfants-adultes qui se baignent toujours dans ses yeux d'amour.

« Comme vous devez vous aimer », a commenté le notaire, étonné et touché.

2
Réussite et échec des couples

Toute la solidité et la sérénité d'une famille dépendent de celles du couple : les enfants ne sont que le reflet de l'équilibre, du respect, du dialogue, de l'amour de leurs parents. Si ceux-ci se chamaillent, se trompent, ne se retrouvent plus autour d'intérêts communs, la famille partira en vrille.

D'où la nécessité d'un couple fort, engagé, ayant la patience d'œuvrer sur des années à la création d'une famille unie. Depuis des décennies, j'accompagne des couples, je les aide à préparer leur mariage, à tenir sur la durée, à faire face parfois à l'échec, malheureusement. Car l'amour est une aventure dont on ne peut prévoir l'issue, mais à laquelle il faut donner toute sa chance.

« Seul l'amour » au cœur du mariage

Ils ne croyaient pas à l'amour. Parents divorcés. Grands-parents de même. Mais ils s'aimaient. Pas baptisés tous les deux. Mais Cathy la fille m'avait dit plusieurs fois : « Petite, je voulais me faire baptiser mais ma famille d'accueil, elle refusait toujours, sous prétexte que j'étais pas convenable. » Je l'ai baptisée trois jours avant de bénir leur union. Et bien sûr avec leur petit, adorable. Le sacrement du mariage, c'était pour eux le sacrement de l'amitié. Leur vie d'enfants et d'adolescents avait tangué entre les coups et les déchirures. Bob, l'ado, avait enfin trouvé sa route à la Bergerie de Faucon. La cérémonie, où toute la communauté était là, rayonnait de joie.

La plupart des mariages que j'ai faits pour de jeunes couples loubards ont été de cette veine. Oh oui ! Le Christ était là, sans qu'ils le sachent bien. Le Christ, battu comme eux, rejeté comme un moins que rien, c'était eux. Et c'était une grande joie pour moi. Leur émotion d'être reconnus et entourés, c'était enfin le signe de l'amour vivant. Le Christ était en plein cœur de leur vie.

Mariages people, mariages loubards

D'autres mariages ont eu la même signification, très belle, mais avec toute l'ambiguïté d'une préparation démesurée et d'une publicité tapageuse.

Celui du prince Laurent, fils du roi des Belges, que sa mère la reine m'avait confié parce qu'il poussait mal, malgré une cuillère en or dans la bouche. Une longue amitié m'a lié à lui. Une cathédrale archipleine, le gratin de toute l'Europe était présent.

Huit jours avant j'avais marié deux jeunes loubards, trois personnes assistaient à la cérémonie! Mon verbe à la cathédrale fut le même, à la joie de tout un peuple belge.

Jamel Debbouze m'appelle un jour: « Tu me maries avec Mélissa. Je veux dire à tous que nos deux cultures, chrétienne et musulmane, doivent être vécues au vu de tous et toutes. » Moment unique où trois cents musulmans et chrétiens chantaient l'amour, ensemble.

Paul et Coralie

Enfin, le dernier mariage (belge aussi) émouvant, vrai et étonnant d'une star internationale.

Celui de Paul (appelé Stromae) et Coralie. Paul m'appelle: « Je veux que tu nous maries. Mais ne le dis à personne. » Pour les préparer, parcours de combattant entre le Rwanda et l'Amérique où il donnait des concerts!

Enfin il vient à la permanence parisienne pour la préparation du sacrement. Couple chrétien, ils se préparent très bien avec Brigitte, mon adjointe. Bien sûr je ferme ma gueule.

Splendide cérémonie dans une magnifique église désaffectée. Un mariage où seul l'Amour de Dieu est présent, et surtout l'amitié qui réunit dans la plus stricte intimité des personnes de toutes races et de toutes religions. Les caméras, appareils photo et portables sont interdits. Un mariage discret et priant, sans l'afflux des médias et des journalistes. Seul l'Amour de Dieu était là, infiniment présent. Un mot de Paul et Coralie le lendemain à Paris : « Merci de ce mariage magique que vous nous avez offert. »

Le mariage chrétien doit être fêté pleinement, en famille, dans sa beauté. Alors, Dieu est là plus que jamais.

Savoir attendre

Quelles qualités doit-on avoir pour se préparer au mariage ? Je dis toujours aux jeunes tourtereaux : attendez. Parce que j'ai constaté qu'un célibataire qui accepte un temps son célibat, qui réfléchit à l'engagement qu'il s'apprête à prendre, se prépare mieux au mariage qu'un célibataire pressé de se marier.

Faut-il vivre ensemble avant de se marier ? Aujourd'hui cela se pratique dans de très larges proportions. Ce n'est pas ce que souhaite l'Église, mais en même temps, passer d'un partenaire à l'autre me semble très dangereux. Dans les mariages que je célèbre, je pose la question :

« Depuis combien de temps êtes-vous ensemble ? Deux ans, trois ans… » C'est la réponse courante. « Et quand vous vous êtes mis ensemble, étiez-vous sûrs d'être faits pour vivre en couple toute la vie ? » Ils me répondent toujours oui. Donc je ne fais que bénir ce qu'ils ont entamé. Ils se sont déjà donné le oui. Et le oui sacramentel s'y ajoute. L'Église bénit ce qui a été consenti et vécu. Parfois l'enfant qui est déjà arrivé, lorsqu'il a été désiré, l'authentifie.

Enfant et mariage : lequel en premier ?

Il y a un problème si le gosse arrive comme un imprévu. Ce n'est pas une condition pour bien vivre en couple. Les parents sont complètement coincés et restent ensemble à cause du gosse. Ce n'est pas toujours l'enfant qui va les aider à s'aimer ou les unir.

Ce sont des questions à bien peser. Il m'arrive tout de même de baptiser l'enfant à 10 heures et demie et de marier les parents à 11 heures moins le quart. C'est très marrant quand je leur demande rituellement s'ils veulent avoir des enfants. J'ai déjà le petit dans les bras… qui braille après son baptême.

Aimer pour longtemps, est-ce possible ?

Se préparer vraiment est indispensable. Il s'agit de se souvenir que l'on vieillira longtemps. Sous Louis XIV, on ne dépassait pas tellement les quarante-cinq ans, aujourd'hui notre espérance de vie a tellement augmenté qu'on se marie de plus en plus tard. La moyenne d'âge des mariés avoisine maintenant les trente ans, il faut bien réfléchir car le cœur des gens est fragile actuellement.

Le mariage chrétien est indissoluble. Jamais on ne parlera assez de la puissance du sacrement de mariage. Dieu est là et Dieu est amour. Heureusement que de nombreux couples chrétiens que j'ai mariés me disent combien ils vivent la beauté du mariage, combien Dieu Amour les a aidés, en favorisant leur dialogue intime. Je connais des couples qui ont pris la résolution de prier ensemble chaque soir pour laisser une place au silence et se demander pardon.

Ce rendez-vous avec Dieu est essentiel pour les couples chrétiens mariés.

> *Un couple n'est un couple que s'il transpire.*
>
> Frédéric Dard

L'amour est patient

Je m'adresse à tous les amoureux du monde. Tous les jeunes amoureux, les vieux amoureux, les pas encore amoureux et les futurs amoureux : je veux dire que l'amour est patient.

Quelle est la plus belle aventure de la vie, si ce n'est l'amour ? C'est la plus grande, la plus belle, la plus noble, la plus ancienne et la plus neuve.

Mais l'amour demande une patience d'enfer. Qui mieux que les vieux dinosaures peuvent le proclamer ?

La culture de la patience est devenue une contre-culture, vouloir être patient en amour aujourd'hui, c'est vivre à contre-courant. Avez-vous essayé de tirer sur l'herbe pour qu'elle pousse plus vite ? Ou sur vos géraniums ? Vous savez que la croissance d'une plante nécessite un certain temps, et que rien n'y changera. En amour, c'est pareil.

Que votre amour soit vrai, profond, qu'il s'accompagne de tous les synonymes de la patience : longanimité, tolérance, constance, persévérance, capacité d'encaissement, confiance, amour gratuit, accueil aussi. Alors le combat de l'amour – car c'est un combat – apportera la joie à vous et à vos enfants.

Quand je rencontre des couples avec plus de cinquante ans de mariage, je dis toujours à la femme : « Tu as dû en baver ! » Et je me retourne vers l'homme : « Toi tu en as bavé le double. » Le rire des deux conjoints suit, joyeux et éclairant.

Attention à l'amour passion

L'amour passion est immédiat, pas réfléchi et souvent destructeur. Cet amour détruit par son impatience de l'autre. On veut tout de l'autre, on attend tout de lui ou d'elle. Et tout de suite. Bien sûr, la position horizontale permet de très vite faire connaissance. Mais se connaître dans son caractère, dans ce que l'on est profondément, demande un peu plus de temps et une autre sorte d'effort. Quand apparaissent les différences, on s'aperçoit que l'autre n'est pas celui ou celle que l'on croit. Et c'est souvent trop tard : on découvre un étranger ou une étrangère sous son toit.

> *Cette chose plus compliquée et plus confondante que l'harmonie des sphères : un couple.*
>
> Julien Gracq

Préserver l'intimité du couple

Le mariage implique le sacrifice, le partage, la limitation de certaines libertés personnelles. Je vois souvent des jeunes qui se séparent parce que le mec est toujours avec ses copains, ou, plus rarement, parce que la fille fréquente assidûment ses copines au détriment de la vie du couple. Quand deux individus s'aiment, il se produit une rupture avec certains liens sociaux, parce qu'ils sont deux. Qu'ils aient des copains et des copines, c'est parfait, mais il se passe quelque chose d'autre quand on décide de vivre ensemble. Ce n'est plus une vie de célibataire. Il faut respecter et préserver l'intimité du couple. Si du matin au soir des gens entrent et sortent du foyer, comment garder une intimité ?

Une souffrance qui mérite attention

Que penser du divorce du point de vue humain ? La séparation d'un couple est un échec, et presque toujours une souffrance qui mérite attention, respect et soutien. La séparation n'est pas un acte que l'on doit juger *a priori* mais une difficulté dans le couple à laquelle l'homme et la femme sont confrontés, chacun par rapport à sa vocation de personne libre et responsable. La séparation peut s'avérer un moindre mal en cas de douleurs ou de menaces sérieuses. Mais les parents qui se séparent ne sont pas toujours meurtris ou désemparés. Ils ont constaté que ça ne collait plus dans le couple, donc ils se séparent.

Or il faut aussi penser aux enfants. Le divorce sépare les intérêts des enfants de ceux de leurs parents, les mômes sont les premières victimes. Les spécialistes de la vie de famille nous disent que la cause la plus importante du mal-être actuel des enfants est l'affaiblissement des liens familiaux. Nous savons que les enfants élevés dans un foyer monoparental à la suite d'un divorce sont beaucoup plus menacés par la drogue, l'alcool, l'échec scolaire, et toutes sortes de dangers.

Ta gonzesse n'est pas ton clone

Les causes du divorce ? Ma réponse est très courte. La mésentente, souvent conséquence de la fusion. On ne peut pas se passer l'un de l'autre, et subitement on n'a plus rien à se dire. Il peut surgir des difficultés financières, des difficultés familiales, des difficultés au lit. L'homme et la femme doivent savoir qu'on ne peut pas suffire à l'autre ni à soi-même. C'est très important de savoir qu'on reste seul, irrémédiablement. L'autre me manquera toujours, le désir d'être en l'autre ne sera jamais définitivement assouvi. On peut vivre les plus grands orgasmes de la terre, on en reviendra toujours insatisfait. L'amour, même le plus fort, reste une juxtaposition.

Le cœur et la sexualité visent un au-delà, ils entretiennent la nostalgie d'un amour éternel et définitif. Nous ne le trouverons vraiment que là-haut. J'en suis certain. Si on pige ça, on peut atteindre une certaine sérénité.

Deux êtres imparfaits sur le chemin de l'amour

On cherche des poux à l'autre, mais c'est soi-même qu'il faut regarder d'abord. Si on se contente d'accuser l'autre, ça ira de mal en pis. Des couples regardent en arrière, refusant d'abandonner sur le bord de la route les bagages du passé.

Il arrive parfois que se commettent des péchés graves. On entend dire que lui ne satisfait plus les besoins de sa femme, ou qu'elle a changé. Chacun dans le couple a évolué. Il faut savoir que des conseillers conjugaux sont là pour aider les couples, l'Église en a dans tous les diocèses, car elle est confrontée au nombre très important de divorcés et de couples chrétiens en difficulté. Certains d'entre eux font un boulot extraordinaire. Ils permettent parfois à des couples de ne pas se séparer, ou bien de se séparer un certain temps pour mieux se retrouver.

Un prêtre n'encourage pas les couples à divorcer, il les aide, quand il peut, à vivre les conséquences de leurs décisions. On n'est pas parfait quand on se marie, autrement on ne se marierait jamais. Alors, sachez accepter que vous n'êtes pas parfaits, et allez ensemble sur le chemin de l'amour.

> *Dans un couple, il ne suffit pas de parler, encore faut-il s'entendre.*
>
> Jean-Paul Dubois

Le désir est infidèle. Seul, l'amour est fidèle

Baise comme un castor.

Va de fille en fille, ou de mec en mec, de boîte en boîte, de samedi soir en samedi soir, et tu as toutes les chances d'être incapable de forger les liens qui t'uniront un jour à la femme que tu aimeras pour de bon, enfin.

Le désir est infidèle. Seul, l'amour est fidèle.

Tu as fait l'amour souvent avec des partenaires différent(e)s. Tu as sans doute cru que c'était une question d'amusement, de pulsion, d'instinct, d'hygiène. Mais c'est méconnaître le formidable enregistreur d'émotions que sont ton corps et ton cœur. On n'est pas des castors, des orangs-outangs ou des taureaux ! On est des personnes humaines. C'est plus que différent. La rencontre de deux corps humains dans l'amour physique n'est pas celle du bélier et de ses brebis.

Mettre la tendresse au centre

Faire l'amour entre humains est extrêmement mystérieux. Si, bien sûr, on est attentif à ce mystère. Les corps engrangent alors tout dans ce moment merveilleux où ils s'unissent. La tendresse est alors au centre de leur relation.

La maîtrise sexuelle avec constance et sans désemparer paraît ringarde, dépassée, conservatrice et hors du temps. Cette maîtrise est pourtant en grande partie source de fidélité, d'amour.

Rencontrer un puceau ou une pucelle, par les temps qui courent, est aussi courant que de croiser un éléphant dans les couloirs du métro. D'accord, mais c'est quand même navrant.

La déchirure

De plus en plus de couples se forment en planifiant la séparation : « On voit si on est faits l'un pour l'autre », « Si ça ne colle pas, on se sépare », « C'est bien pour l'instant, on verra plus tard ». Bonjour, demain !

Ce lendemain-là sera rarement fidèle. S'il n'y a pas d'enfants, les dégâts sont limités. Si le gosse pointe son nez à la fenêtre, désiré ou pas, la déchirure commence.

Et la bataille s'annonce. « Cool », rarement. « Hard », le plus souvent.

« J'ai pris un avocat. Cette garce ne gardera pas mon gosse. » « Le juge est de mon côté. Ce salaud n'aura pas la garde du petit. » « Il a quitté la baraque avec les gosses pendant que j'étais au boulot. » « Elle a profité des vacances pour fourguer les enfants à la belle-mère. »

Passons sur les détails matériels. Parce que cette rubrique est rarement innocente. Apparemment, l'enjeu, ce sont les gosses. Mais souvent, en douce, ce sont les comptes en banque vidés sordidement ou la longue bataille pour récupérer un meuble, un lit, la villa, l'appart ou le bateau des vacances. Et le chien et les poissons rouges ?

Enfin, tout ce qu'il faut pour, de nuit en nuit, dormir bien, penser juste, vivre heureux !

Leurs yeux innocents

Que vos gosses soient prioritaires. Dans le respect mutuel pour les sauver, eux. Pas les meubles. Eux.

Que leurs yeux innocents puissent, chaque fois que vous les rencontrez, vous faire chavirer le cœur et vous apprendre le discernement.

Qu'ils ne soient jamais déchirés par vos magouilles sordides ou vos entêtements stupides.

Séparés (puisque vous dites ne pas pouvoir faire autrement), mais toutes vos forces intactes pour les regarder ensemble d'un même regard. Vous pourrez encore tout sauver, tout réparer.

Vos difficultés d'adultes sont votre histoire… Ce n'est pas la leur. Évitez-leur vos affrontements et vos reproches mutuels devant eux.

Ils ont besoin d'unité. Votre rupture est assez catastrophique pour que ne s'y ajoutent pas des réflexions qui détruisent, enfoncent et paralysent vos gosses dans leur évolution.

« Mes parents sont des enfants. Je suis le seul adulte de la famille », me disait en se marrant Matthieu, quinze ans, ballotté entre père et mère. Il avait raison. À cette nuance près qu'un adolescent trop vite adulte essaiera un jour de retrouver son enfance. Et il mettra un sacré temps à retrouver ses repères.

Une plaie ouverte au cœur de l'Église

On évoque beaucoup la question des divorcés et remariés puisque leur nouvelle union les prive des sacrements de l'Église catholique et romaine. Ils ne peuvent pas communier et se sentent exclus, comme excommuniés, ce qui est faux.

Les divorcés remariés sont une plaie ouverte au cœur de l'Église. Je ne peux pas parler lors d'une conférence de la sexualité des escargots ou du rendement des vaches laitières en Nouvelle-Zélande sans qu'on me pose cette question : « Pourquoi les divorcés remariés ne peuvent-ils pas communier ? »

« Tu communies ! »

Je constate, à travers des couples que je connais, que beaucoup vivent au cours de cette épreuve un renouveau de leur foi. D'autres, furieux, quittent l'Église. Beaucoup de personnes ont connu le schéma suivant : mal préparé au mariage, ne sachant pas qu'il allait vraiment recevoir un sacrement, un couple divorce rapidement. Les ex-conjoints se remarient, cette fois-ci beaucoup plus prudemment. Cinq ou dix ans après, je vois des couples vivant leur second amour avec une grande plénitude au milieu de leurs enfants me dire : « On ne peut pas communier. »

Souvent j'entends : « Je me suis marié(e) très vite, devant Dieu. Très vite j'ai divorcé. » Ou bien : « J'ai appris à comprendre ma faute. » Mais y a-t-il vraiment faute lorsqu'on a bâclé son mariage ? « C'est très dur, et en plus je n'ai pas le droit de communier. » Qu'est-ce que je peux répondre ? Je lui dis : « Communie ! »

Benoît XVI disait, lorsqu'il était pape, qu'un certain nombre de couples n'avaient pas une foi suffisante lors de leur mariage. Ce qui fait que leur mariage était probablement nul.

Enfin, le pape François fait évoluer l'Église

Mais c'est officiel maintenant : dans *Amoris Laetitia*, le pape François a entrouvert une porte de l'église qui était jusque-là fermée aux divorcés remariés. S'ils ont, par exemple, subi un divorce, s'ils ont refait leur vie de façon stable et s'ils ont des enfants, s'ils désirent vraiment participer à la communion eucharistique « qui n'est pas un prix destiné aux parfaits mais un généreux remède et un aliment pour les faibles », cela pourra se faire « pour certains cas » au terme d'un chemin de « discernement ». Par le biais notamment d'un « examen de conscience » avec un prêtre selon une « logique d'intégration » et non plus d'« exclusion ». Car « le confessionnal, écrit le pape à l'attention de ces divorcés remariés, ne doit pas être une salle de torture mais un lieu de la miséricorde du Seigneur ».

Mais le pape François prévient toutefois que cette ouverture pastorale en cas d'échec n'a rien d'automatique ni ne justifie le divorce. Car, écrit-il, « le divorce est un mal, et l'augmentation du nombre des divorces est très préoccupante ». En particulier pour les enfants qu'il ne faut « jamais, jamais, jamais prendre en otage ».

C'est magnifique ! C'est ce que j'ai toujours mis en application. Le pape François a opté pour la miséricorde, j'en suis vraiment heureux. J'aime quand il ajoute : « Il n'est plus possible de dire que tous ceux qui se trouvent dans une certaine situation dite irrégulière vivent dans une situation de péché mortel, privés de la grâce sanctifiante. Car, il est mesquin de se limiter seulement à considérer si l'agir d'une personne répond ou non à une loi ou à une norme générale car cela ne suffit pas pour discerner et assurer une pleine fidélité à Dieu dans l'existence concrète d'un être humain. »

Le pape ne veut plus de prêtres dans l'esprit d'une « morale bureaucratique froide » qui pourraient se « sentir satisfaits en appliquant seulement les lois morales » comme « des pierres qui sont lancées à la vie des personnes », ce qui est « le cas des cœurs fermés qui se cachent ordinairement derrière les enseignements de l'Église ». Il conclut « en croyant que tout est blanc ou noir, nous fermons parfois le chemin de la grâce et de la croissance ».

Bravo, François, tu as vu drôlement juste ! C'est une petite révolution que tu opères là !

L'amour a besoin de quelque chose de plus grand que l'amour

Un couple superchrétien. Tous les deux militants : trois beaux gosses. Intelligents. Aimés. Enfin le couple, la quarantaine, heureux, à la vie réussie.

La femme tombe enceinte. En même temps le mec tombe amoureux fou d'une gonzesse de vingt-cinq ans. Ils me demandent conseil. Allez dire au mec que cet amour est destructeur ! Autant pousser un phoque à aller vivre au Sahara !...

Je le lui dis quand même... et je me casse... Mes pauvres mots et surtout la dynamique spirituelle du couple ont permis au phoque de rester sur sa banquise. C'était il y a quinze ans. Je revois parfois Bertrand, fruit tardif de l'amour. Il a solidifié le couple.

Je n'ai jamais reparlé au couple de ce moment terrible où tout vacillait, et où j'ai essayé de balbutier mon avis.

J'ai dit peu de chose, ce soir-là. Dieu a fait le reste.

Quand je revois Bertrand, je me dis ceci : « Si un couple n'a pas une dynamique spirituelle, cultivée régulièrement, quand l'épreuve arrive, il n'y a plus rien. L'amour a besoin de quelque chose de plus grand que l'amour. Dieu seul peut être la Force invincible qui balaie instinct, faiblesse du moment et remet sur les rails. »

Puisses-tu trouver là ta source. Il n'y a pas de fidélité sans souffrance. Mais cette souffrance-là te rendra heureux en amour, au-delà de ce que tu peux imaginer.

Prépare ton cœur et ton corps à cette aventure, qui est la plus belle qui soit.

Mes petits et grands conseils

Si tes vieux te poussent à te marier, alors que t'en as pas envie, renonce !

Si l'attrait physique chez ton (ou ta) partenaire est prioritaire depuis votre rencontre, ne monte pas les marches de l'autel.

Si tu te sens immature, pas prêt, indécis, ne fais pas le pas du mariage. Tu te casseras la gueule. Attends et renforce-toi.

Si tu penses que dans les heurts qui t'opposent déjà à ton (ou ta) partenaire, ce n'est jamais toi qui as tort, alors ne t'engage pas encore.

Si tu ne travailles pas ton toi profond pour vivre à deux, tu te planteras sûrement.

Si tu penses avant le mariage que, s'il ne colle pas, après tu auras la possibilité de te barrer, barre-toi avant.

Si tu crois que l'autre est l'idéal absolu, unique, tu te goures. Il est imparfait, comme toi, difficile à vivre et dur à découvrir – comme toi.

L'autre, en amour, ne doit jamais être d'abord objet désirable. Il (ou elle) est une immensité de merveilles et de contradictions, et avant tout un cœur. Tu n'auras pas assez de toute une vie pour découvrir le mystère de sa personne. Prépare-toi à cela.

L'attention, l'écoute, les mille petits efforts pour accepter l'autre, lui dire son amour, sont les marches les plus sûres pour ne pas se casser la gueule

Seule la fidélité apaise, donne le sens de la réconciliation et du pardon.

Seule la fidélité permet aux enfants issus de l'amour de rester fidèles à leur tour. Le jour où ils feront leur nid, ils garderont inscrit au plus profond de leur âme l'exemple envoûtant du père et de la mère qui se sont dit « oui », pour le meilleur, et pour le pire. Et qui, jour après jour, l'ont vécu. Il n'y a rien de plus beau.

N'oublie jamais. Ce que tu vis de haut, de bon, de noble sera ta succession.

Tu le verras quand, à ton tour grand-père ou grand-mère, tu te baigneras dans la douceur des générations rassemblées. Tu verras ta vie réussie. Et tu sauras alors que l'amour qui t'a porté, au prix de maints combats, est vainqueur au-delà de tout.

Prépare-toi à ce combat qui, au fond, est le seul qui vaille la peine.

3
Quand la famille fait grandir

Facile de taper toujours sur les familles. Plus difficile est d'essayer de comprendre ce qui s'y passe. Les jeunes, aujourd'hui, ont de multiples autres références qui ne sont pas toutes détestables, loin de là. Elles sont autres, différentes.

D'où la bataille rangée à la maison sitôt qu'on veut en discuter. Aux parents, alors, de s'armer d'un casque de combat et d'une panoplie guerrière adéquate pour se préparer aux assauts répétés de leurs petits qui vérifient et passent tout au crible. Aux « J'ai vu à la télé… », « Ma maîtresse m'a dit… », s'ajoutent les messages que films et musique leur inoculent, sans oublier Internet qui est, pour certains de nos jeunes, le fin du fin de l'information et de la découverte.

Discuter, palabrer, approuver, contester est le lot des parents d'aujourd'hui. Il faut du temps pour ce combat-là. Beaucoup de temps. Les parents restent au hit-parade de l'éducation dès que l'enfant apparaît.

S'ils ne s'en soucient pas, alors leurs enfants pousseront seuls, sans racines vitales, et seront en plein désarroi.

Avec les jeunes de treize à quinze ans dont nous avons la charge, nous avons l'immensité de l'écoute. Ils sont fragiles, désossés, par la déroute de leurs parents, et nous sommes témoins de leur faiblesse et de leur demande constante d'une écoute.

Rester présent

Si les parents ont le temps, et surtout s'ils prennent ce temps, l'enfant sera riche d'une époque ouverte à tous les vents culturels, moraux et spirituels. Les dérives dangereuses, patiemment montrées du doigt, leur indiqueront, dès leur plus jeune âge, qu'on ne peut pas tout vivre ni tout faire. Et que certaines expériences sont à proscrire à l'adolescence.

C'est là que se situe le combat des parents d'aujourd'hui.

Terrible, ce témoignage d'un père de famille découvrant au commissariat que son fils de dix-sept ans dealait depuis deux ans. À sa barbe et sans qu'il s'en doute. Le père a quitté immédiatement les fonctions bénévoles qui lui prenaient tout son temps. Tout pouvait encore être sauvé. Le père et la mère ont demandé pardon à leur adolescent et l'ont remis sur la route où ils l'avaient laissé, seul.

Je revois son grand fils, ingénieur aujourd'hui.

Le temps fait de présence, c'est de l'amour jamais perdu. Jamais on ne rattrapera le temps qu'on n'a pas passé avec eux.

Sécurité : le mot clef

Qu'est-ce qu'une famille apporte à un jeune ? La « sécurité ». La plupart des jeunes que nous accueillons à Faucon ont manqué dans leur famille de cette chose essentielle : une sécurité psychologique et spirituelle. Donner un certain nombre de repères, voilà le rôle fondamental de la famille.

La crise de l'adolescence correspond souvent à une crise du couple parental, une crise parfois sévère qui met en cause la vie professionnelle et personnelle. Si les parents n'ont pas eux-mêmes de structure fondamentale forte, le jeune va basculer dans l'insécurité alors qu'il est en recherche identitaire. Mais il ne s'agit pas non plus que les parents s'accrochent à leur enfant pour sauver leur couple !

Comment des parents peu sereins pourraient-ils s'occuper d'adolescents s'ils ne sont pas plus en paix que lui ?

Ce n'est pas de biens que manque le jeune, mais de bien.

> *Quand tout va bien on peut compter sur les autres, quand tout va mal on ne peut compter souvent que sur sa famille.*
>
> Proverbe chinois

Homme ou femme, soyez adulte

Quand on m'interroge sur le comportement à adopter avec ses enfants, je réponds invariablement : « Soyez un adulte. » Être père ou être mère, c'est d'abord être un homme et une femme qui se tient droit, qui a une colonne vertébrale. Car n'oubliez pas qu'on éduque toujours les jeunes par l'exemple.

Les enfants demandent beaucoup trop de choses de nos jours. Ils doivent sentir une opposition pour apprendre à bien vivre plus tard. On ne peut pas exiger de jeunes de onze-quatorze ans qu'ils se gèrent seuls, qu'ils comprennent où se situe leur véritable intérêt. Ils se jettent sur le superficiel : portable, Internet, télévision, jeux vidéo... Il faut les éduquer savamment, leur dire et leur démontrer par sa propre vie que l'essentiel n'est pas là.

À Faucon, je reçois des jeunes qui ont été martyrisés ou à qui personne n'a jamais tenu tête. Pendant des mois, ils sont désorientés et « offusqués » par notre détermination qu'ils prennent pour des « atteintes à leur liberté ». Ils ont beau nous insulter, on tient bon.

Un jour, un jeune avait refusé de faire la vaisselle. Il avait été cantonné à la cuisine tandis que tous ses camarades étaient allés se coucher. L'éducateur avait fait descendre deux matelas, un pour lui et un autre pour le jeune. À 6 heures du matin, le jeune a fait la vaisselle ! L'éducateur n'avait pas cédé.

Ne lâchez jamais !

> *La vie de famille requiert une force, une persévérance, un oubli de soi dont le bonheur de ses membres est le fruit.*
>
> Anonyme

Le respect de la parole donnée

Pour leur éducation, la sanction est importante : elle sécurise et responsabilise le jeune. Il y a des règles établies qui doivent être respectées, et ici la fonction du père est importante.

Les enfants ont besoin du respect de la parole donnée.

Je dis toujours à nos jeunes : « T'es tellement meilleur que les conneries que tu fais ! » L'histoire de l'enfant prodigue est la plus belle image de l'amour de Dieu. Il vous faut, vous les parents, la vivre à fond. Toujours tendre les bras pour attendre votre fils, être ouverts à la réconciliation profonde.

Bûchez l'égalité d'humeur !

L'ennuyeux, lorsqu'on se met en colère contre son enfant, c'est qu'on double sa fureur, car on est également en colère contre soi. On est furieux d'avoir un peu perdu les pédales.

Pour acquérir de la douceur, il faut maîtriser l'égalité d'humeur. Au séminaire, j'ai été frappé par cette découverte. On nous disait souvent : « Ayez l'égalité d'humeur ! » Qui peut résister à la douceur joyeuse d'un être ? Pensez à une personne de votre entourage qui en est douée. Voyez combien elle est apaisante, comme elle crée l'harmonie, comme elle unit et appelle à faire de même. Ma mère en était l'incarnation. Jamais elle ne nous aurait frappés.

La voir pleurer était la pire de nos punitions.

Oh oui ! Et c'est ainsi que je comprendrai, plus tard, l'immense handicap de mes jeunes qui n'ont souvent connu qu'un géniteur ou qu'une génitrice absents, indifférents ou bourreaux.

Trop aimer, c'est mal aimer

Mais attention ! Ne les maternez pas trop.

OK, vous aimez votre enfant, mais ne l'étouffez pas sous vos démonstrations infinies d'amour, vos peurs de le perdre, votre contrôle et vos commentaires sur toutes ses actions, ses paroles, ses vêtements, ses amis... À force, l'enfant ne grandira pas. Il restera avec ses petits choix de gosse, son horizon limite, ses colères soudaines, ses caprices et ses peurs.

Trop aimer, c'est mal aimer.

Un autre regard

J'ai passé des heures à dire à des familles qui se coltinaient un prétendu gosse à problèmes: « Il n'existe pas pour lui-même! En le rabaissant, vous le mettez sur la route de la délinquance. Changez votre regard et vous aurez la joie de le voir changer aussi. »

L'important est que vous lui disiez: « Tu existes à mes yeux. Je vais t'apprendre à vouloir et à pouvoir. Tout est possible avec ce que tu es. »

Je disais un jour à un jeune particulièrement difficile: « Tu as un grand avenir devant toi! – Tu te fous de ma gueule! J'ai quinze ans. J'ai loupé l'école depuis l'âge de dix ans… »

Après des années il a réussi sa vie. Et il m'a dit plus tard: « Tu croyais en moi. Pas moi. À force de me l'entendre dire, j'ai fini par le croire. Et le vivre. »

Croire en eux, espérer jusqu'au bout, les aimer avec force. Ils ne résistent jamais à la chaleur fraternelle de l'adulte. Même si les plus désespérés ne comprennent pas qu'on puisse les aimer comme ils sont. Dans le meilleur, dans leurs dons. Dans leur formidable capacité à créer et à bouffer le monde.

Dire à un jeune : « Je crois en toi » est très important. Dites-leur que vous avez confiance en l'avenir quand ils se sentent un peu perdus dans cette drôle d'époque.

Aimer, c'est s'efforcer de voir ce qu'il y a de meilleur au fond de chaque être et l'aider à en prendre conscience. Il n'est rien de plus fort. Seul le regard bienveillant de celles et ceux qui nous connaissent nous appelle à ne pas désespérer de nous-mêmes.

> *Il n'existe aucune faute comparable à la colère. Et pas de courage comparable à la patience.*
>
> Nagarjuna, grand maître
> et philosophe bouddhiste

Coupez tout !

Le soir, 80 % des parents dînent avec leurs enfants ; c'est bien, mais dans quelles conditions ? Coupez la télé, fermez Internet, mettez en veille le portable et tout le bordel. Coupez tout ! C'est le moment de convivialité.

Je suis reçu un jour dans une famille de six enfants. Au moment du dîner, je leur demande des nouvelles d'un de leurs fils :

« Et Vincent ?

– Oui…

– Où est Vincent ? Il est en voyage scolaire ?

– Non, il est dans sa chambre à regarder Internet», me répond la mère.

Atterré, je monte voir l'ado et je lui dis que sa mère ne lui apportera rien à manger, que je ne mangerai pas non plus tant qu'il ne sera pas descendu.

Vincent se décide finalement à se joindre à nous.

«C'est un miracle! s'exclame la mère, bras au ciel.

– C'est un miracle que tu aurais pu commencer à réaliser lorsqu'il avait dix ou onze ans», lui ai-je répondu.

Il est temps de prôner un «art de vivre ensemble». Il faut chercher l'une des sources des nombreuses incivilités de notre siècle dans la «communication virtuelle». L'homme n'est plus là. Autrefois, on ne pouvait pas échapper à son lieu d'habitation et à son entourage. Aujourd'hui, l'individu fuit dans des territoires virtuels.

Il se promène parmi ses semblables sans les voir. Et il n'y a rien de plus terrible que de se juxtaposer sans faire attention à l'autre.

Parents, agissez!

Je donne toujours les conseils suivants aux parents d'enfants difficiles:

– Ne les laissez pas tout faire. Donnez-leur des repères.

– N'ayez pas honte de leur parler d'effort, de devoir accompli, de travail bien fait, de respect, d'honnêteté, de franchise et de fidélité.

– Offrez-leur du temps.

– Aimez leur différence.

– Ne soyez pas absents.

– Observez-les avec amour : certains signes peuvent vous alerter.

– Un geste tendre remplace parfois la parole.

– Écoutez-les, ne les interrompez pas à tout bout de champ.

– Exercez un contrôle strict sur les heures de télévision, de jeux vidéo, d'Internet, etc.

– Sachez dire non.

– Ne les humiliez jamais.

– Attention aux phrases qui dévalorisent.

– Après un conflit, tendez toujours les bras pour une réconciliation.

– Ne les maternez pas.

– Faites-leur confiance.

– Apprenez-leur à s'aimer tels qu'ils sont.

– Ne diabolisez pas le monde extérieur.

– Dites-leur régulièrement de se bouger le cul pour les autres.

– Et soyez des exemples, vous-mêmes, car ils enregistrent tout. Ils sont des magnétophones implacables.

Quel est ton rêve ?

Nous demandons souvent aux jeunes : « Que veux-tu faire plus tard ? » S'il y a bien une chose qui m'indiffère quand je parle avec un jeune, c'est ce qu'il veut faire ! Jamais je ne lui pose cette question. En revanche, quand je lui dis : « Quel est ton rêve ? », c'est entrer beaucoup plus profond dans ce qu'il désire secrètement. J'ai vu tant de jeunes ingénieurs, nantis de leurs diplômes, ne sachant quoi choisir ensuite pour bâtir leur vie.

L'épanouissement personnel, d'accord, c'est très beau, mais la dimension collective ne doit pas être oubliée. Nous devons interroger nos jeunes sur leurs rêves, en suggérant que ce rêve-là ne pourra pas être bâti tout seul. On ne construit pas ses rêves à coups de bachotage, à coups d'examens. Trouver sa vocation, c'est tout autre chose.

Prière de l'adolescent à l'adulte

Parents, tendez l'oreille à votre adolescent qui pourrait vous lancer cette prière :

Quand je te demande d'être écouté, quand je te demande de m'écouter et que tu commences à me donner des conseils, je ne me sens pas entendu.

Quand je te demande de m'écouter et que tu me poses des questions, quand tu argumentes, quand tu tentes de m'expliquer ce que je ressens ou devrais ne pas ressentir, je me sens agressé.

Quand je te demande de m'écouter et que tu t'empares de ce que je dis pour tenter de résoudre ce que tu crois être mon problème, si étrange que cela puisse paraître, je me sens encore plus en perdition.

Quand je te demande à toi, adulte, ton écoute, je te demande d'être là, au présent, dans cet instant si fragile où je me cherche dans une parole parfois maladroite, inquiétante, injuste ou chaotique. J'ai besoin de ton oreille, de ta tolérance, de ta patience pour me dire que je compte pour toi.

Oui, simplement m'écouter… sans explication ou accusation, sans dépossession de ma parole. Écoute, écoute-moi.

Tout ce que je te demande, c'est de m'écouter. Au plus proche de moi. Simplement accueillir ce que je tente de te dire et de me dire. Ne m'interromps pas dans mon murmure, n'aie pas peur de mes tâtonnements, de mes imprécations, de mes contradictions.

Par ton écoute, je tente de dire ma différence, mes hésitations, j'essaie de me faire entendre, surtout de moi-même. J'accède ainsi à une parole propre, celle dont j'ai longtemps été dépossédé.

Oh non, je n'ai pas besoin de conseils. Je peux agir par moi-même et aussi me tromper. Je ne suis pas impuissant, parfois seulement démuni, découragé, hésitant.

Si tu veux agir pour moi sans moi, tu contribues à ma peur, tu accentues mon inadéquation et tu renforces ma dépendance.

Quand je me sens écouté, je peux enfin m'entendre.

Quand je me sens écouté, alors j'établis des ponts, des passerelles entre mon histoire et mes histoires. Je relie des événements de ma vie, des situations, des rencontres ou des émotions pour en faire la trame de mes interrogations. Pour tisser ainsi l'écoute de ma vie.

Oui, ton écoute est passionnante. S'il te plaît, écoute et entends-moi.

Et si tu veux parler à ton tour, attends juste un instant que je puisse terminer, et alors je t'écouterai à mon tour.

4
Grands-parents, vous êtes irremplaçables

Grands-parents, vous pétez la forme ! Aujourd'hui, on est jeune à soixante ans. Pas un avion ou un train que je prends sans tomber sur un groupe d'ancêtres jacassants, rigolards, paillards parfois… Les vieux partent facilement, ils foutent le camp. Ils s'en vont en vacances, en retraites spirituelles, faire des randonnées, des pèlerinages.

Vous êtes des transmetteurs

Mes deux grands-mères et mes deux grands-pères nous montraient peu d'affection. Les grands-parents étaient alors des icônes, un point c'est tout. Actuellement, une complicité s'est instaurée avec les petits-enfants. Vous êtes à la fois dans la famille et en dehors du cercle parental. C'est une position délicate. Vous êtes au cœur du dispositif familial mais, en même temps, vous devez laisser les parents agir. Vous êtes des complices, des hommes et femmes d'expérience, médiateurs entre les petits-enfants et leurs parents. Vous avez un rôle essentiel : celui de communicants, de partenaires en discussion. En tissant des liens essentiels, vous tenez la solidarité de la famille. Vous êtes des transmetteurs.

Il existe plusieurs types de grands-parents

Les grands-parents providence, entièrement dévoués aux autres.

Les grands-parents pompiers, disponibles et très efficaces dans les moments importants.

Les grands-parents dynamiques, enthousiastes (la grand-mère cheftaine) qui pensent que leurs méthodes d'éducation sont les meilleures.

Les grands-parents adjoints qui tentent de se substituer aux parents. Ça, ce n'est pas très bon…

Les grands-parents distants, lointains, mais qui gardent une place symbolique forte dans la famille.

Les grands-parents indignes, qui s'affirment en tant que tels avec ou sans humour. Ils ne veulent pas s'occuper des petits-enfants car ils estiment que ce n'est pas leur rôle. Ils préfèrent passer le temps qui leur reste à s'occuper d'eux-mêmes.

Avec intelligence et amour

Il n'empêche qu'il demeure un fossé entre vos générations, particulièrement lorsqu'il s'agit d'ados…

L'adolescence n'est pas une maladie contagieuse, ne soyez pas inquiets. C'est simplement une façon d'être, qui dure un certain temps. Entre trois et quatre ans si on la soigne, entre trois et quatre ans si on ne fait rien… C'est là que votre intelligence et votre amour doivent jouer. Qu'une nouvelle forme de dialogue peut s'instaurer. Il est vrai que durant ces quarante dernières années, les mœurs ont changé aussi profondément qu'en plusieurs siècles. Ce n'est pas la faute des ados. À vous de rattraper la distance.

Leur langage vous stupéfie ? Écoutez-les. Apprenez leurs mots. Marchez à l'heure du temps. Entrez de plain-pied dans leur monde. N'ayez pas peur d'être ringards ni dépassés. Restez ce que vous êtes. Votre cœur battant au rythme du cœur de vos petits-enfants vous apportera le meilleur d'eux et exigera le meilleur de vous.

Apprivoisez vos petits-enfants !

Vous avez du temps, alors offrez-le. Votre disponibilité sera le trésor caché où ils puiseront à chaque rencontre. Que ce trésor soit sans fond.

Vous n'avez plus à vous lever à 6 heures du matin pour aller au boulot, finies les contraintes de la vie professionnelle, vous pouvez choyer, cajoler, écouter. Les petits-enfants de ma mère étaient toujours en train de lui demander de leur raconter son enfance, la guerre, et surtout ils voulaient savoir quelles bêtises nous faisions à leur âge.

Vous êtes dépositaires de l'histoire familiale. Vous avez un rôle déterminant à jouer. Montrez vos photos souvenirs. Nous avons besoin de votre histoire, qui est la nôtre. Il y a tant de côtés lumineux dans la trajectoire d'une famille, ce sont ceux-là que vous devez graver en nous. Par votre témoignage de vie, vous pouvez devenir de vrais éveilleurs auprès de vos petits-enfants. Vous avez un formidable pouvoir de complicité.

C'est ça, la beauté de la famille. Elle est la cellule la plus petite, la plus grande, la plus ancienne, la plus neuve. Gardez fidèlement le support le plus solide de votre existence, le plus beau : votre famille.

> *Serrez vos grands-parents dans vos bras et dites : « Merci d'avoir fait ce que tu as fait pour que je puisse exister ! »*
>
> Alex Haley

Quatre oreilles

Dans le cas d'un divorce, c'est à vous, grands-parents, de jouer les prolongations. Vos petits-enfants ont besoin de confidents. S'ils viennent vous envahir, c'est pour être écoutés. Leurs parents, de plus en plus stressés, les écoutent de moins en moins. De très nombreuses lettres de jeunes me disent comment vous êtes, pour eux, cœur et oreilles d'abord. Sachez que vous êtes irremplaçables. Vous êtes les confidents prioritaires, vous êtes la source, ils iront toujours à la source. Tampons, vous le serez aussi.

Actuellement, il vous faut quatre oreilles quand les parents et les gamins viennent vous confier leur malêtre. Grands-parents, vous avez le pouvoir magnifique de réunir. N'oubliez pas que, dans ces occasions, vous enfantez une nouvelle fois.

S'émerveiller

Montrez-leur la vie sous un jour dynamique, présentez-leur toujours le magnifique bouquet de toutes les espérances possibles plutôt que de ressortir certaines rancœurs du passé dans les poubelles familiales. Vos petits-enfants sont fragiles. Ils ont assez de conflits, de tensions à assumer pour ne pas subir les vôtres en plus. Vos conflits ne sont pas les leurs. Ils ne feraient qu'entretenir dans leur cœur une vision sordide de la famille.

Ils entendent dans le monde d'aujourd'hui un appel vers le matérialisme le plus vide et le plus vil. Si vous leur communiquez vos rêves sordides d'héritage, vous en ferez des petits pourris, acharnés de possession.

Vous êtes la preuve que les valeurs peuvent défier l'usure du temps, alors qu'elles semblent changer tous les jours. La première de ces valeurs, c'est l'émerveillement. Valorisez vos petits-enfants, notamment ceux qui sont au fond de la classe en train de se les réchauffer auprès du radiateur. Les mal-aimés, les plus faibles.

Cherchez leurs qualités et émerveillez-vous en les mettant en avant.

Offrez-leur votre foi

Osez dire votre foi, grands-parents, car la joie d'un chrétien est pur témoignage. Seule cette joie qui rayonne sur votre visage les convaincra. Quand le petit vous demandera pourquoi vous êtes si heureux, vous n'aurez qu'à lui répondre : c'est parce que Dieu vous aime et qu'Il l'aime de la même manière. Les enfants sont des magnétophones. Ils vous regardent vivre, ils enregistrent tout. Ils aiment bien mettre en doute ce que disent leurs parents, mais pas ce que leur disent leurs grands-parents.

Par votre présence, ils pensent que le Christ est immuable, que l'amour gratuit est immuable, qu'ils seront toujours écoutés, et que l'Eucharistie – à laquelle vous allez assister et pas eux – est éternelle, que c'est à ce moment-là que l'Amour descend.

Leurs parents ont souvent perdu la foi à cause, en partie, du stress du travail et de leur acharnement à obtenir leur « réussite » sociale. À vous, les grands-parents, d'apporter un élément de réponse à leurs questions spirituelles. À condition que ce soit sans forcing, sans prosélytisme.

Vous êtes irremplaçables

Si votre semence d'amour, de joie, de foi et d'espérance vit en vous, je sais qu'elle vivra en eux. Ne larmoyez pas, ne soyez pas pessimistes. Demandez la patience de Dieu, ne cherchez pas à les convertir en les obligeant à aller à la messe, mais que votre foi soit rayonnante.

Ce n'est pas tant vos paroles que vos petits-enfants retiendront, c'est ce que vous serez. Si vous êtes des veilleurs de joie et d'amour, ils le seront à leur tour.

Grands-parents, devenez veilleurs, dans la nuit, de la foi de vos enfants.

5

Que penser du mariage pour tous ?

Je reçois de nombreux témoignages et l'on me pose beaucoup de questions sur l'homosexualité : « Mon fils est homosexuel, je ne peux pas l'accepter. Qu'en pensez-vous ? « Je suis homosexuel, mes parents m'ont foutu à la porte le jour de mes dix-huit ans. Je suis bouleversé. » « Ma fille vient fêter son anniversaire à la maison, dois-je accepter sa compagne ? Sinon elle ne viendra pas à cette fête familiale… »

Souvent, les parents chrétiens refusent d'accepter ce qui pour eux est une aberration et ils se coupent de leur progéniture. Une pastorale pour les homosexuels semble impérative. Il faut accepter l'homosexualité en tant que telle.

On a demandé un jour son avis sur les homosexuels au pape François. Éclairante réponse : « Qui suis-je pour juger ? » Pour la première fois, une parole papale claire a apporté une réponse au cœur de tout chrétien.

Un amour vrai et généreux

Si l'Église ne peut reconnaître le mariage entre deux personnes du même sexe, elle ne peut nier l'amour vrai et généreux capable de les unir. L'attaque violente de l'Église, au cours de son histoire, contre l'homosexualité est un véritable boomerang. Que l'homosexualité en tant que telle ait été dénoncée comme péché mortel était une erreur immense. L'Église a corrigé le tir, très tard…

Pourquoi les homosexuels voulaient-ils à ce point obtenir la possibilité de se marier ? Pour bénéficier des droits juridiques du régime matrimonial. Sur ce terrain, je suis entièrement d'accord. Un couple homosexuel doit jouir de la même protection qu'un couple hétérosexuel.

Au lieu du mariage homosexuel, l'État aurait dû simplement améliorer le Pacs et donner les possibilités administratives pour que les homosexuels puissent avoir par exemple le droit de succession (appartement et autres droits essentiels pour une vie à deux cohérente et stable).

Je me souviens d'un jeune que sa mère chrétienne ne voulait plus voir parce qu'il vivait avec un homme. Le fils, qui est mort du sida, a été soutenu jusqu'au bout par son ami. Or ce dernier a été foutu à la porte par la famille la veille de l'enterrement. C'est pour cela que j'ai toujours pensé qu'il fallait améliorer la situation des couples homosexuels, stabiliser leur union civile, leur permettre d'accéder aux droits en ce qui concerne la succession de leur compagne ou compagnon, etc.

Super d'accord avec ça ! Mais pourquoi avoir recours au mariage pour le faire ? Ne pouvait-on élargir le champ des protections du Pacs pour protéger à cent pour cent les couples gays ?

Voir leur amour reconnu

Une deuxième raison du désir de mariage est le souhait des couples gays de voir leur amour reconnu officiellement. J'ai soutenu de nombreux homosexuels pendant mes années de sacerdoce, j'ai vu à quel point ils souffraient de se sentir niés, effacés par le regard impitoyable des autres.

Tout baptisé, peu importe son orientation sexuelle, est pleinement aimé de Dieu. Ces hommes et ces femmes doivent être accueillis avec amour, passion et délicatesse. L'Église n'accepte pas de bénir ces couples mais certains prêtres le font, comme moi-même.

Dans ma pratique sacerdotale, même si bien entendu je ne peux délivrer de sacrement de mariage à un couple gay, je bénis bien volontiers deux hommes ou deux femmes qui s'aiment car j'ai un profond respect pour eux et pour leur amour. Moi, je ne bénirais pas l'amour ? Impossible ! Il n'y a rien de plus grand que l'amour. L'accès à l'Eucharistie peut être ouvert.

La vie de nombreux homosexuels serait unifiée s'ils entendaient des homélies où l'on parle d'eux de façon positive. Cela éviterait de dire que l'Église est homophobe et marquerait le respect que l'on doit à ces personnes.

Lorsqu'elles me confient que leur sexualité est une croix mais qu'elle ne peut être autre, je leur réponds : « Reste au moins fidèle à l'être que tu aimes. Ne gaspille pas l'amour dans de multiples aventures. »

Le pape François rappelle la doctrine

Dans son exhortation apostolique *Amoris Laetitia*, le pape François aborde peu le thème de l'homosexualité. Cette question est citée parmi les « situations complexes » examinées par le pape, comme les mariages mixtes et les familles monoparentales. Le fait d'avoir au sein des familles « des personnes manifestant une tendance homosexuelle » est « une expérience loin d'être facile tant pour les enfants que pour les parents ».

François insiste sur le respect et l'accueil dû à chacun « indépendamment de sa tendance sexuelle ». Il ajoute en revanche une ferme condamnation de « toute forme d'agression et de violence » à l'encontre des personnes homosexuelles. Le pape proclame que les personnes homosexuelles « doivent pouvoir bénéficier de l'aide nécessaire pour comprendre et réaliser pleinement la volonté de Dieu dans leur vie ». Mais il rappelle également que les unions de personnes de même sexe ne peuvent en aucun cas « être comparées au mariage ».

Le comportement des églises locales

Quelle attention pastorale est-il possible d'avoir envers des personnes qui ont choisi de vivre ce type d'union ? Quel comportement tenir pour la transmission de la foi ? Ces sujets sont très importants.

Le peuple chrétien évolue doucement mais positivement à ce sujet. Déjà, il ne faut pas condamner d'emblée, car alors on relègue l'autre aux oubliettes. Il faut une grande patience et une grande empathie. Il y a des associations importantes qui proposent aux jeunes homosexuels croyant en Dieu tout un chemin de réflexion. Je suis moi-même allé dire la messe plusieurs fois devant ces jeunes, à la demande de leur aumônier.

Ils sont des frères et des sœurs bien-aimés. Ils ont besoin, non pas de jugement, mais d'un amour inconditionnel. On les aide efficacement sans les juger.

Aimez-les davantage !

En France, 7 % d'homosexuels croient en Dieu. L'amour de Dieu les envahit et il ne faut pas leur dire qu'ils sont sous la malédiction de Sodome et Gomorrhe. Il faut les aimer tels qu'ils sont.

Ils luttent. C'est un lourd fardeau. Certains ont tout essayé pour changer. Rares sont les personnes qui sont formées pour les comprendre réellement. Nul n'a le droit ni le pouvoir d'obliger une personne à changer.

L'homosexualité n'est pas qu'une affaire de sexualité. C'est une identité née d'une attirance affective et sentimentale. On doit respecter cela. Actuellement, un nombre important de jeunes homosexuels se suicident parce qu'on n'a pas pris leur souffrance au sérieux.

Ils sont fils et filles de Dieu, nous n'avons pas à les repousser.

Le contestable droit « à » l'enfant

Ce qui touche au mariage a nécessairement un prolongement dans la question des enfants, et c'est ce qui me dérange personnellement dans le mariage pour tous.

L'un des principaux arguments des promoteurs du mariage homosexuel était la possibilité d'adopter des enfants. On voit émerger dans les discussions la notion de droit « à » l'enfant.

Je suis sûr que certains couples homosexuels font de bons parents, très aimants et attentifs. Certains d'entre eux ont adopté des enfants qui, sans leur geste, auraient connu la vie misérable d'un orphelinat.

On sait aujourd'hui qu'il y a moins de 5 000 enfants adoptables en France pour 27 000 demandes. Devant les difficultés d'adoption, le désir de couples homosexuels d'être parents biologiquement va donc s'accroître. Cela me gêne beaucoup, car certaines pratiques risquent de se trouver encouragées, comme la procréation assistée et les mères porteuses.

L'imposture envers les enfants

Un couple d'hommes peut trouver un arrangement avec une femme pour qu'elle porte leur enfant, et c'est préoccupant pour le développement de la personnalité de l'enfant qui aura ainsi deux pères (et une mère qu'il ne connaîtra peut-être jamais). Par ailleurs, on peut trouver une femme en couple avec une autre, qui se fait donner du sperme par un homme qu'elles ne reverront jamais. Comment va se construire l'enfant dans ce cas de figure précis ?

Comme l'a dit de manière très pertinente le psychiatre Christian Flavigny : « Il ne s'agit pas de jeter l'opprobre sur les couples homosexuels qui élèvent des enfants, mais de rappeler que l'enfant doit être au clair avec ce qui fait sa venue au monde. Or celle-ci n'est pas portée par deux femmes ou deux hommes. Derrière la banalisation du mariage pour tous, il y a une forme d'imposture envers les enfants. »

Il y a un risque de marchandisation dans ce désir d'enfant à tout prix. Il aurait fallu approfondir la réflexion sur cette question avant de procéder à des changements législatifs irréversibles.

Pour l'avenir, considérons en priorité les droits « de » l'enfant et non les droits « à » l'enfant.

6

Éduquer la foi

La crise du lien paternel est celle aussi du lien religieux. Comment un enfant aura-t-il un héritage spirituel si ses parents chrétiens ne sont pas pratiquants ?

Je ne saurais trop recommander aux parents, après le baptême, un certain suivi. S'ils font baptiser leur enfant et ne pratiquent pas eux-mêmes, s'ils traînent leur enfant au catéchisme comme ils le traînent chez le dentiste, à quatorze ans leur enfant leur dira : « Je me casse, cette religion, je n'y comprends rien. »

Alors, vivez avec lui le trésor religieux que vous voulez lui transmettre ! Priez avec lui. C'est une grâce. Ce sont des moments qu'il n'oubliera jamais. Parce que le Seigneur est là. Vraiment.

Comment évangéliser nos enfants ?

Notre pratique doit être plus forte et plus fréquente. Comment évangéliser si vous allez à la messe seulement quand ça vous chante ? Notre militantisme vis-à-vis de nos enfants est très important. Tout petits, vous les traînez à la messe, ils adorent ça.

Comment évangéliser nos enfants ? Qu'ils viennent et assistent à l'Eucharistie. Imaginez la magie de l'Eucharistie pour des enfants ! Ils braillent, ils pleurent, ils montent vers l'autel, mais ils sont très pris parce que l'enfant a une conscience religieuse prodigieuse. Il a un très grand appétit de spiritualité. Il le perdra vite à l'adolescence.

Dans votre famille, si vous décidez le soir de faire votre prière avec vos enfants… ils s'en souviendront. Je n'ai pas oublié qu'autour de mon père, nous les petits, nous récitions une dizaine de chapelets chaque jour. Cela m'a marqué à jamais. L'enfant grandissant et l'adolescent trouveront ce rite bien vite dépassé, mais ils n'oublieront jamais ces prières et certains les continueront.

Au cœur de leur amour

L'homme et la femme qui s'unissent par le sacrement du mariage sont le signe de l'alliance de Dieu avec l'humanité. Cela signifie que Dieu est au cœur de leur amour et qu'Il en est la force centrale.

Je dis toujours aux tourtereaux : « Votre amour sera entaché de tout. Toi le mec, tu trouveras des femmes infiniment plus belles que celle que tu choisis maintenant. Et toi, la femme, tu trouveras des mecs beaucoup plus désirables en cours de route. Mais vous vous êtes préparés et vous vous êtes choisis, alors désormais restez fidèles. » Et c'est le « oui » qui va les engager.

Si le couple pense que seul l'amour humain les unit, ils ont tout faux, car seul l'Amour de Dieu peut le faire. J'ai vu des couples qui auraient dû divorcer et se séparer depuis longtemps mais qui avaient un tel sens du Dieu-Amour qu'ils ont su pardonner les dérives de leur conjoint. Ils vivent pleinement un amour merveilleux.

Le langage de la prière

Dites à vos enfants : « Allez, on va prendre du temps pour Dieu. On assiste à la messe ce matin et puis on va prier ensemble ! »

C'est une force centrifuge pour la semaine.

Quel moment privilégié vous manquez si vous ne le faites pas ! Mais si vraiment vous vivez le dimanche, le don du Saint-Esprit entrera dans vos familles.

Alors laissez ce putain de portable, cette stupide télé, et dites à vos enfants : « Venez, on va s'amuser ensemble ! On va prier ! On va chanter ! » Croyez-moi, jamais ils n'oublieront ces dimanches où vous étiez « écoutants ». Ces jours inestimables, vos enfants les reproduiront.

Toute notre vie est un apprentissage de la prière. Si on la délaisse, on devient un désert intérieur. Si on la cultive avec constance, avec acharnement, elle fleurit et on ne peut plus s'en passer. Elle devient aussi nécessaire que notre respiration.

Je vous souhaite de « respirer Dieu ». Et comme respirer ne fatigue pas, votre prière ira de soi…

La présence divine par les enfants

J'aime beaucoup la présence des enfants à l'église. Quand, en pleine homélie, il y en a un qui braille sa race, je lance : « Ça y est, je suis très content ! Il m'approuve ! »

Je ne demande jamais au parent de sortir avec l'enfant. C'est très beau de voir toute la famille réunie, c'est magnifique : ceux qui braillent, ceux qui montent à l'autel…

Comme le pape François donnait un enseignement sur les valeurs familiales, un petit garçon de sept ans s'est avancé sur la tribune où il se tenait et lui a tiré sa soutane. Le gamin a refusé de rejoindre l'assemblée et a tenu à rester auprès de François, le serrant dans ses bras, jouant avec son crucifix, avant d'aller s'asseoir, à son invitation, sur le fauteuil blanc du souverain pontife.

Le pape a souri, évidemment. Les gardes du corps n'ont pas sauté sur le gosse. François, à ce moment précis, a montré un aspect extraordinaire de la présence divine au travers des enfants.

La plus belle crèche, c'est la famille

Ton enfant dort. Tu vas le contempler la nuit. C'est si beau, l'innocence que tu as fait naître. C'est ta crèche de tous les jours.

Tes vieux parents attendent ton coup de fil ou ta visite. Tu es leur roi mage. Tu as préféré les garder jusqu'au bout. Tant d'autres les jettent rapidement à l'hospice. Parce que, dans ta crèche familiale, sans eux, tant d'étoiles s'éteindraient.

Tu as refusé dans ton travail de chercher d'abord le côté performant et le profit qui écrasent tout. Tous les fils d'amour que tu as tissés sont prioritaires pour toi. Tu vois la joie éclairer les visages de ceux et celles avec qui tu travailles, ou que tu fais vivre huit heures par jour. Garde chaleureuse cette crèche vivante. Elle est à façonner jour après jour.

Quand tu refuses la télé dans chaque chambre de tes mômes et que tu interdis, dans la salle commune, jeux électroniques, mp3 et autres gadgets isolants, tu fais de ta maison la crèche où tes enfants seront rois. La royauté d'une famille, c'est son formidable pouvoir de s'écouter.

Bûche ce mystère d'amour dès maintenant avec tes gosses. Ils ont une capacité de don insoupçonnée, si tu leur parles de partage.

Alors, tu verras une formidable lumière illuminer ta vie. Les yeux brillants d'amour de ton couple et de tes lardons seront tes étoiles.

CONCLUSION

Ma famille sacerdotale

L'archevêque d'Alger, Mgr Duval, nous disait souvent, alors que nous étions séminaristes : « L'amitié sacerdotale est le huitième sacrement. »

Que nous ayons balancé notre vie au service de Jésus-Christ ne nous donne aucune priorité, aucune prérogative, seulement une solidarité à toute épreuve. Un meilleur respect des dons de l'autre et de son insertion dans le milieu où l'Église l'envoie. Je l'ai appris au fil des jours.

Jérôme, mon frère

J'ai été bouleversé il y a quelques jours, en recevant le témoignage de Jérôme M., ancien prêtre. Jérôme, cinquante-trois ans, après dix ans de sacerdoce, a quitté son ministère pour vivre avec la femme qu'il aime. De leur union sont nés trois enfants, de neuf à dix-huit ans, des « enfants de lumière » comme les qualifie leur père.

Après toutes ces années, alors qu'il est de nouveau en formation d'éducateur spécialisé, Jérôme ne se fait pas à sa vie de laïc. Il a ressenti au plus profond de lui-même l'appel du Seigneur, il était fait pour être prêtre, mais pas pour être célibataire. Il s'est engagé dans l'Église avec la conscience qu'il faisait un « sacrifice ». Il pensait pouvoir tenir, mais c'était impossible car il recherchait aussi l'amour d'une autre. Quand il a voulu se marier, il s'est retrouvé exclu de son ministère, ce qui est une grande souffrance pour lui, souffrance qui ne s'est pas atténuée depuis vingt ans.

Jérôme se considère toujours comme prêtre car « les dons de Dieu sont irrévocables ». D'où un écartèlement entre ses deux conditions d'homme marié et d'homme qui a reçu le sacrement d'ordination. Cet écartèlement est une croix à porter pour lui, je l'ai compris à l'expression de sa souffrance dans son message qui m'a beaucoup touché.

Car, même s'il a été écarté de son sacerdoce ecclésial, je considère Jérôme comme faisant partie de ma famille sacerdotale, celle de tous ces hommes et ces femmes qui ont donné leur vie au Seigneur. La fin de sa lettre est très belle : « J'essaie de vivre à ma place dans le Corps du Christ qu'est l'Église, ici ou là, auprès de quelques frères prêtres, très peu, en le leur disant consciemment, en priant avec eux et sans rien en échanger, dans le secret. Je sais que mon Seigneur me donnera raison. Ces liens sont vivants et agissants, au ciel on comprendra. »

L'amitié sacerdotale, c'est pour la vie, tu peux compter sur moi, Jérôme.

Douche froide…

Juste après mon retour de la guerre d'Algérie, en 1960, je partais un matin avec mon sac à dos, vingt francs en poche et… ma soutane vers la grotte de Massabielle, pour prier Marie d'éclairer ma route. Meurtri par ce conflit que j'avais vécu très durement, j'étais néanmoins revenu avec un punch pas possible, enrichi par mille combats pour défendre l'humain. Mais je ne savais pas encore où le Seigneur voulait me conduire. J'ai donc décidé d'aller à Lourdes et d'effectuer à pied les cinq cents kilomètres qui séparaient ma ville natale, Rochefort-sur-mer, du sanctuaire marial.

Le premier presbytère où j'ai demandé asile m'a laissé un souvenir saumâtre. Le curé m'a accueilli par un retentissant : « De mon temps, on nous apprenait à prévenir, quand on demandait l'hospitalité ! » Il consentit, après un sermon pessimiste sur le clergé de demain, à m'offrir un matelas par terre. Je me souviens de la gouvernante qui, écœurée par la muflerie du curé, pleurait en me versant la soupe. J'avais faim, mais je chialais presque dans mon assiette, choqué par un tel accueil qui rendait encore plus pesante la fatigue de ma journée. Je me promis d'éviter à l'avenir tout presbytère.

… et gueuleton chaleureux

Quelques jours plus tard, j'entrai dans une petite ville. Ma soutane faisait eau de toute part, des trombes m'ayant accompagné pendant la route. Ne sachant où me reposer un moment, j'osai une fois de plus frapper à la porte d'un presbytère. Un énorme curé m'ouvrit les bras.

« Allons donc, allons donc !… Réchauffez-vous et mangez un morceau. Vous êtes mon invité ! »

Il me passa une de ses soutanes, dans laquelle je disparus complètement. Puis il me pria de le suivre dans la salle à manger. Une quinzaine de prêtres m'attendaient, les pieds sous la table : « On fête mes trente ans de sacerdoce, me dit-il. Je leur ai demandé de vous attendre. Vous êtes l'invité de la dernière heure ! » Le gueuleton était à la hauteur des repas sacerdotaux de jadis : gargantuesque. J'ai emporté sur la route le souvenir impérissable de ce prêtre qui n'avait pas voulu que je sois le trouble-fête, mais le mendiant qui passe et à qui on offre la première place. Ça m'a réconcilié avec tous les presbytères…

La route était émaillée d'accueils toujours différents, mais très chaleureux. Une soutane, en ce temps-là, voulait tout dire : des tas de gens humbles ou fortunés m'interpellaient le long du chemin, me confiaient leurs intentions de prières, et me suppliaient parfois d'emporter, dans mon sac à dos, leur fils en perdition, un parent mort récemment, une voisine malade.

La prière, clef de voûte

Mon travail de rue est très lié à la prière des moniales et moines dans le monde. Du fond du désert, la prière de sœur Renée, enfouie dans un couvent de Syrie, m'apporte la grande joie de sentir que cette prière des sables m'aide à avancer, à lutter et à tenir la nuit dans les quartiers de Paris. Si j'ai conscience que Jésus-Christ me devance là, c'est grâce à la prière de ceux qui se sont enfouis librement, dans le silence profondément actif de la prière.

La prière reste l'essentiel de notre vie de consacrés, c'est la clef de voûte de notre action, la pierre d'angle de toute activité apostolique. C'est la joie de tous les instants, le lien essentiel, un grand mystère, qui peut difficilement se dire. Mais qui se vit.

Prêtres autour de leur évêque

Jean-Marie Lustiger avait institué tous les lundis une retraite d'un jour sur la butte Montmartre. Autour de l'archevêque : douze prêtres. C'était la deuxième fois que j'y participais. Chacun se présentait durant le repas.

L'heure y passait. Nos différences, nos situations et nos looks étaient saisissants de contrastes.

L'impeccable clergyman côtoyait le blouson noir. Le dinosaure de l'Église mangeait à côté du jeunot ordonné en juin dernier. Le savant passait le fromage au vicaire.

Henri, grosse tête encyclopédique acharnée d'œcuménisme, s'était baladé à travers le monde pour trouver les chemins de l'unité des chrétiens et des grandes religions. Il racontait avec humilité sa longue quête auprès des savants du monde.

Marcel, prêtre au Pérou pour huit ans et de passage à Paris, nous amenait le vent de l'Église souffrante. Quatorze de ses copains étaient morts massacrés par le Sentier lumineux. Marcel nous saisit en racontant le dur chemin des communautés de pauvres rassemblés dans une misère sans nom. Elles étaient à des années-lumière de nos communautés bien assises, bien-pensantes, qui se battaient parfois sur un point de liturgie.

Pierre, le chancelier, rubicond et joyeux, voulait que les prêtres aient assez d'oseille pour vivre et défendait, bec et ongles, les deniers de l'Église de Paris.

Charles, un ancêtre de quatre-vingt-sept ans, droit comme un I et épanoui, nous racontait sa retraite au service d'une soixantaine de malades. Nous étions secrètement admiratifs devant cette verdeur évangélique.

François, le petit gris, aux yeux doux et à l'allure aristocratique, nous faisait partager sa passion des jeunes et sa joie de les voir suivre le Christ pour le plus haut service.

Ferdinand, à l'accent madrilène, était l'homme des dossiers. Il œuvrait au cœur de la souffrance des divorcés, séparés, qui réclamaient justice. Derrière les innombrables paperasses, il devinait la souffrance de ceux qui s'étaient trompés en amour. Il rencontrait un peuple de pauvres où le plus grand de ce monde côtoyait le plus petit.

Dans les yeux des deux jeunes prêtres, l'un aussi barbu qu'un ayatollah, l'autre fragile et discret, se lisaient la passion de Dieu et les premières joies du ministère.

Jean-Marie, de ses yeux brillants et malins, suivait le tour de table, décochant un trait d'humour à l'un ou précisant un aspect gratifiant de l'histoire d'un autre.

Tous les lundis, autour de notre archevêque, l'Église à Paris avançait et priait dans sa diversité et sa complémentarité.

Guetteurs de l'aurore

Dans la sacristie, une quinzaine de prêtres entourent le cardinal Billé, archevêque de Lyon. Nous allons entrer dans la basilique de Fourvière.

Soudain, un prêtre s'affaisse, s'accrochant à deux jeunots de l'Église qui le retiennent. Nous nous précipitons. On l'allonge. Un malaise, peut-être…

Un docteur arrive sur-le-champ.

On part célébrer.

Il meurt à la sacristie, pendant la consécration.

Usés, les prêtres le sont jusqu'à la corde. Mais ils vont jusqu'au bout de leur mission. Partout, je les vois assumer mille petits services qui soulagent leurs confrères chargés de multiples paroisses. Ils sont parfois à des années-lumière de ce que vivent les jeunes prêtres ! Qu'à cela ne tienne, ils restent.

Ayons pour ces dinosaures de l'Église la tendresse de ceux et celles qui admirent leurs petits pas où sont jetées leurs dernières forces. Rencontrons-les. Aimons-les.

Souvenons-nous de leurs innombrables charges, de leur passage d'un Vatican à un autre. Ils ont vu des églises pleines devenir des temples déserts ; une pastorale triomphante devenir une Église dépourvue de sens pour le monde.

Ces « baroudeurs » sont des apôtres au cœur de feu. Réjouissons-nous de leur présence dans l'Église. Réchauffons-nous auprès de leur cœur usé.

Ils restent des priants superactifs. Ils sont des « guetteurs d'aurore », vivant la proximité de l'éternité qui approche dans un combat inlassable, qui nous permet de faire renaître l'Église sur les chemins de l'espérance.

Ils sont une famille sacerdotale.

Conseils

• Les familles doivent être un lieu de transmission et de solidarité.

• Il est nécessaire d'inventer des rites, des fêtes, des discussions, des sorties qui permettent de tisser collectivement une culture familiale.

• Prépare ton cœur et ton corps à l'aventure du couple.

• Le mariage chrétien doit être fêté pleinement, en famille, dans sa beauté. Alors Dieu est là, plus que jamais.

• N'enferme personne dans ses défauts ou ses péchés.

• Si tu ne travailles pas ton toi profond pour vivre à deux, tu te planteras sûrement.

• N'impose pas ta belle-famille à ton conjoint si tu vois qu'il commence à saturer.

• Gardez une estime réciproque forte, une grande complicité.

• Que ton couple soit serein, pacifiant, aimant. Que tes enfants soient attendus, regardés, aimés. Et le monde entier s'emplira d'une paix inégalable.

• La solidité et la sérénité d'une famille dépendent de celles du couple : les enfants ne sont que le reflet de l'équilibre, du respect, du dialogue, de l'amour de leurs parents.

• Élever un enfant est une grâce et un privilège. C'est de plus en plus un combat. Parents, soyez en première ligne les combattants de l'amour.

• Offre ton temps à tes enfants. Ne te disperse pas ailleurs.

• Ne sois pas un parent absent : tes enfants subiront toutes les influences.

• Sois toujours disponible pour tes enfants, qu'ils puissent à tout moment t'approcher sans crainte de te déranger.

• Soyez, parents, un couple roc : vous préparerez vos enfants à la belle aventure de la vie et de l'amour.

• Si vous êtes divorcés, rassurez vos enfants sur le fait que l'amour fidèle peut exister.

• Crois en eux, espère jusqu'au bout, aime-les avec force.

• Que le foyer soit pour eux une école du partage

avec celui des tâches familiales. Dis-leur régulièrement de bouger leur cul pour les autres, de ne pas penser qu'à la compétition.

• Grands-parents, vous avez le pouvoir magnifique de réunir. N'oubliez pas que, dans ces occasions, vous enfantez une nouvelle fois.

Bibliographie

BENSAÏD Catherine, *Histoires d'amour, histoires d'aimer*, Pocket, 2004.

BIRRAUX Annie, *Parce qu'il faut bien quitter l'enfance*, La Martinière, 2002.

CHAPMAN Gary, *Une famille qui s'aime*, BLF Europe, 2011.

CLERGET Stéphane et Costa-Prades Bernadette, *Parents, osez vous faire obéir !*, Albin Michel, 2007.

DOLTO Françoise, *Quand les parents se séparent*, Points, 2007.

ÉVELY Louis, *Réinventer le mariage*, Desclée de Brouwer, 1996.

FAURÉ Christophe, *Le Couple brisé : de la rupture à la reconstruction de soi*, Albin Michel, 2002.

FAURÉ Christophe, *Comment t'aimer, toi et tes enfants ? Le défi de la famille recomposée*, Albin Michel, 2014.

GOTTMAN John M. et Silver Nan, *Les couples heureux ont leurs secrets. Les sept lois de la réussite*, Pocket, 2006.

HEILLY, Alphonse d', *Aimer en actes et en vérité*, éditions Saint-Paul, 2005.

MARTINIE Marie-Madeleine, *Communiquer en famille : écouter pour entendre*, Le Sarment, 1998.

NAOURI Aldo, *Éduquer ses enfants*, Odile Jacob, 2008.

PAPE François, *La joie de l'amour. Exhortation apostolique* Amoris Laetitia *sur l'amour dans la famille*, Artège, 2016.

SALOMÉ Jacques, *Papa, Maman, écoutez-moi vraiment*, Livre de Poche, 2010.

SALOMÉ Jacques, Galland Sylvie, *Aimer et se le dire*, Pocket, 2010.

SPADARO Antonio, *Le synode sur la famille : portes ouvertes*, Parole et Silence, 2016.

Pour les plus petits

DOLTO Catherine, *La famille*, Gallimard Jeunesse, 2005.

DOLTO Catherine, *Ma famille recomposée*, Gallimard Jeunesse, 2013.

MENENDEZ-APONTE Emily et ALLEY R.W., *Chouette, la famille s'agrandit*, Éditions du Signe, 2009.

SAINT MARS Dominique de et BLOCH Serge, *Les parents de Zoé divorcent*, Calligram, 2004.

WALSH Melanie, *Chez Papa et chez Maman : mes deux maisons*, Gallimard Jeunesse, 2012.

Table

Du même auteur (suite)

Passeurs de l'impossible
Ma religion, c'est l'Amour
Kamikaze de l'espérance
Et si je me confessais

AUX ÉDITIONS SALVATOR (REPRIS CHEZ J'AI LU)
Cris de jeunes

AUX ÉDITIONS DES BÉATITUDES
Chemin de croix
Le plus bel album de famille : le rosaire
Les mystères lumineux du rosaire

AUX ÉDITIONS DU LIVRE OUVERT
La violence… un appel ?
Lutte, prie et aime

AUX ÉDITIONS COCCINELLE (BANDES DESSINÉES)
Aimer à tout casser
Des loups à Faucon

Cet ouvrage a été achevé d'imprimer
en mai 2016 dans les ateliers de
Corlet Imprimeur à Condé-sur-Noireau

N° d'imprimeur : 181645
Dépôt légal : mai 2016
ISBN : 978-2-84876-533-4
Imprimé en France